LA

FOI DES TRAITÉS

PARIS

IMPRIMERIE DE L. TINTERLIN ET Cᵉ,

rue Neuve-des-Bons-Enfants, 3.

LA
FOI DES TRAITÉS

LES PUISSANCES SIGNATAIRES

ET

L'EMPEREUR NAPOLÉON III

« Le premier souverain qui, au milieu de la grande mêlée, embrassera de bonne foi la cause des peuples, se trouvera à la tête de toute l'Europe et pourra tenter tout ce qu'il voudra. »

MÉMORIAL DE SAINTE-HÉLÈNE.

PARIS

E. DENTU, LIBRAIRE-ÉDITEUR

GALERIE D'ORLÉANS, 13, PALAIS-ROYAL

—

1859

LA

FOI DES TRAITÉS

------- ✿ -------

I

La reine Victoria a parlé ; l'empereur Napoléon III a parlé aussi. Quel a été leur dernier mot ? De la Reine : LA FOI DES TRAITÉS ; de l'Empereur : LE DROIT, LA JUSTICE, L'HONNEUR. Si l'Autriche avait une voix pour ouvrir des assemblées, elle aussi aurait dit son dernier mot. C'eût été : LA LETTRE DES TRAITÉS.

Avant d'entrer dans l'examen que nous nous proposons de faire avec calme et impartialité, qu'il nous soit permis de rétablir quelques faits. Ce sont des rectifications que nous adressons aux hommes d'État de l'Angleterre, hommes, du reste, fort respectables, sages, prévoyants, et que nous espérons voir sous peu s'associer à nos sentiments, à nos vues ; mais qui, nous le regrettons bien, ne nous paraissent pas, quant à présent, au niveau de la situation. Notre parole sera franche, sans ménagement. Ce n'est pas l'effet d'un ressentiment pour les oppositions du moment ; ce n'est que l'effet d'une politique qui jaillit des principes. Cette politique se place au point de vue supérieur ; c'est par là qu'elle est franche, loyale, sans dissimulation.

II.

Première rectification.

La QUESTION ITALIENNE ne se borne pas à l'Italie centrale, comme le disent les hommes d'État de l'Angleterre. Elle ne consiste pas seulement dans l'occupation anomale des États Romains par des troupes étrangères et dans la crainte des mouvements révolutionnaires qui résulteraient de l'éloignement de ces troupes. C'est là un des aspects de la question ; mais non le principal. Le côté vital, malheureux, inévitable, c'est la domination étrangère et, par suite, l'asservissement des gouvernements du saint-siége, de la Toscane, de Naples, etc., et des populations de ces pays, l'agitation de la Lombardo-Vénétie, les embarras, les souffrances, la position intolérable des États sardes. La grande majorité des Italiens exècre cette domination ; et de la haine qu'elle a pour elle, haine toujours près d'éclater, découlent trois conséquences :

1° L'Autriche ne peut ni introduire la liberté chez elle, ni la tolérer chez autrui en Italie. D'où, l'asservissement universel. Première conséquence.

2° Forcée de maintenir cet asservissement, l'Autriche ne peut diminuer son armée, le nombre de ses forteresses, ses moyens de défense dans la Lombardo-Vénétie. Il lui faut, au contraire, les augmenter de plus en plus, et contraindre les gouvernements qui lui obéissent à imiter de leur côté son exemple, à s'entourer comme elle de soldats et de canons ; il lui faut, enfin, du Nord au Sud, des positions stratégiques, pour se soutenir elle-même et soutenir ces autres gouvernements contre l'insurrection toujours menaçante.

Ce qui a lieu, depuis 1848, en Autriche et dans les États italiens soumis à son influence, pour maintenir, avec la domination étrangère, l'asservissement des populations, se produit également dans les États sardes, en vue d'échapper à cette domination, de repousser une invasion possible, et de venir en aide à l'affranchissement de la nationalité italienne, lorsque l'heure de cet affranchissement sonnera.

De là, partout en Italie des armées diverses, nombreuses, écrasantes ; de là, des impôts très-lourds, pour entretenir ces armées ; et, par ces impôts, éparpillement, gaspillage de toutes les ressources, appauvrissement du pays, oppression, agitation. Seconde conséquence.

3° Les nouveaux moyens de communication : navigation à vapeur, chemins de fer, télégraphes électriques, etc., nécessitent de plus en plus entre les différents États, sinon une fédération, du moins une entente bienveillante, progressive. Il faut que les douanes, les polices, la navigation, les transits, les monnaies, les codes soient en harmonie avec cette situation nouvelle que le progrès a créée ; il faut faire disparaître les entraves, aplanir les obstacles, faciliter les échanges entre les Italiens de tous les États et les étrangers, — la plupart Français et Anglais, — qui commercent avec eux ; il faut favoriser l'essor de l'industrie, multiplier les éléments de l'activité humaine, les sources de prospérité, les agents de civilisation.

S'il n'y avait en Italie que des États italiens, avec le saint-père à leur tête, — puissance morale et prêchant la coopération pour la bonne marche de l'humanité, — l'entente serait facile et l'accord continuel ; les arrangements entre leurs souverains seraient nécessairement pris en vue de la liberté, du progrès, du bien-être des populations, et ils auraient les résultats les plus heureux, non-seulement pour les Italiens, mais encore pour toutes les nations civilisées, pour tous les peuples du globe. L'Italie, par ses ressources naturelles, par sa position géographique, par ses souvenirs historiques, est un pays destiné à un développement et à un état de prospérité exceptionnels, très-avantageux et pour ses populations et pour ses gouvernements. Même sans traités, sans ligue, sans organisation fédérale, il y aurait là une confédération instinctive, nécessaire, pour le bien, et, de la part des gouvernements et des populations, un extrême empressement à se le procurer en établissant le plus de mutualité, de réciprocité possible. Déjà, sous la suprématie acquise extraordinairement par Pie IX, en 1847, la ligue commerciale, et, en 1848, la confédération étaient des choses convenues entre la plupart des États italiens : Rome, Naples, la Toscane, la Sardaigne, etc., les lois qui devaient les établir étaient même arrêtées et en voie d'application. Mais, depuis 1849, la suprématie n'est plus à la puissance morale ; elle est malheureusement à la puissance des armes. L'Autriche est debout au Nord ; en face d'elle est le Piémont. La première veut l'asservissement et s'effraye des nationalités ; l'autre veut la liberté et l'indépendance de la nation italienne. Malgré la présence du grand-prêtre de la charité et de la concorde, la charité et la concorde sont impossibles. Les entraves, les difficultés de toutes sortes, les périls de la situation, au lieu de diminuer, augmentent ; la police les exagère ; la crainte les multiplie ; la haine les hérisse. C'est ainsi que l'Italie ne peut arriver à la vie nouvelle que les nouveaux moyens de communications et d'échanges, que les récents progrès de l'industrie, de la science et de l'intelligence sont en mesure et en droit de produire. Troisième conséquence.

C'est dans ces trois conséquences, qui découlent d'une source unique, LA DOMINATION ÉTRANGÈRE, qu'il faut voir le fond vrai de la question italienne. Les honorables hommes d'État de notre bonne alliée, la Grande-Bretagne, en connaissent mieux que nous ces aspects saisissants, ces formules évidentes, presque mathématiques. Ni l'intelligence, ni la sagesse, ni les renseignements, ni les vues ne leur font défaut, témoin les dépêches de lord Palmerston et de lord Ponsomby, en 1847-48-49. Ils n'ont qu'une faiblesse, et elle sera, nous l'espérons, passagère ; c'est de vouloir dissimuler le mal. Une pareille conduite pouvait convenir à la politique d'autrefois ; mais aujourd'hui les gouvernements qui n'envisagent pas de front les situations, se discréditent, sont impuissants à les dominer et succombent à la tâche. Ce n'est pas en le niant, ou en fermant les yeux pour ne pas le voir, que l'on conjure le péril. Avec la presse et tant de moyens d'information pour le public, les situations sont vite connues. Par la dissimulation, on ne fait que s'engager dans une voie fausse, d'où il faut tôt ou tard revenir, pour se soumettre à celui qui a marché droit dans la véritable voie, ou pour participer, sinon à la défaite de l'ennemi, du moins à sa déconsidération.

III.

Seconde rectification.

Les hommes d'État dont nous venons de parler, — l'honorable lord Derby particulièrement, — se plaisent à établir une rivalité entre la France et l'Autriche.

A l'égard de la France, le mot *rivalité* n'a plus de sens en politique. Lorsque c'est par les échanges que l'on grandit, il est impossible de comprendre comment et d'où pourraient renaître les rivalités propres des souverainetés des temps déjà éloignés de nous. Les communications, en se multipliant, les émoussent déjà parmi les peuples. Sont-ce les gouvernements qui seront rétrogrades? Quant à l'Autriche, nous nous plaisons à constater un fait qui nous donne beaucoup de confiance pour un avenir prochain.

Les souverains autrichiens, personnellement, ont été souvent d'une intelligence et d'une bonne volonté remarquables. Joseph II et Léopold Ier, marchant à la tête du progrès, ont pris l'initiative de réformes qui, en France, ont dû être conquises par la Révolution. Le souverain actuel de l'Autriche, jeune, ayant dans sa famille de si glorieuses traditions par l'empressement de ses aïeux vers les améliorations, ne diffère certainement pas de son frère l'archiduc Maximilien. Le désir du bien est dans le cœur de tous les deux. Si, à l'égard de l'Italie, l'un se livre au bien et le demande, l'autre s'en alarme et le refuse ; c'est l'effet de leur position : pour le premier, de souverain chargé de maintenir des droits héréditaires, traditionnels, qui ne lui permettent pas d'accueillir les propositions de son frère ; pour le dernier, de gouverneur subalterne qui cherche à acquérir des titres à la reconnaissance des populations et à la considération du public.

Entre la France et l'Autriche, il n'y a pas de rivalité ; il y a seulement opposition de principes ; ce sont donc des principes qui luttent, des nécessités qui résultent des conditions différentes dans lesquelles se trouvent les deux empires. L'un, soumis à la tradition, pour soutenir sa domination polyglotte et les conséquences de regrettables agglomérations, doit s'aider de tous les moyens, même des armes. L'autre, soumis seulement au devoir de développer, à l'honneur et dans l'intérêt de son pays, la prospérité à l'aide des réciprocités, confiant dans sa mission, pose des questions effrayantes pour l'Autriche. Peut-on voir là des rivalités personnelles, nationales? Non, ce n'est que l'antagonisme des principes.

Les hommes d'État de l'Angleterre connaissent parfaitement ces choses, qui désormais, surtout après la guerre de Crimée et le Congrès de Paris, sont élémentaires en politique; mais, par la position particulière de leur pays, ils tiennent, d'un côté, à la tradition, de l'autre au devoir qu'imposent les idées et la civilisation. Pour le moment, ils sont tournés du côté de la première; c'est ainsi qu'ils voient entre la France et l'Autriche des rivalités. Nous pensons qu'il ne se passera pas longtemps sans qu'ils ne se tournent, avec leur sagesse habituelle, vers le devoir. Alors le mot de *rivalité* ne sera plus prononcé par eux; ce sera celui d'*opposition* de principes qui retentira dans les augustes enceintes du parlement anglais.

IV.

Troisième rectification.

Napoléon Ier voulut placer sur des trônes ses frères et ses sœurs. Ce fut sa politique personnelle, son droit par la victoire, sa défense, sa nécessité. Il est regrettable que la coalition l'y ait poussé; plus regrettable encore qu'il l'ait exagérée. Cette exagération fut la principale cause de la ruine de l'Empire et de sa famille.

Napoléon III ne méconnaît pas les leçons de l'histoire de son oncle au point de ne pas comprendre que ce n'est pas par le retour des siens sur les trônes que sa dynastie s'enracinera en France.

Éblouie par des aspirations irréalisables dans l'état actuel des mœurs et des idées, la France, de 1848 à 1851, au lieu de conquérir pour elle et pour les autres le repos et le bonheur, ne conquit que l'inquiétude et le malaise. Napoléon Ier l'avait tirée du gouffre de sang et de dissolution où l'avaient entraînée les exagérations de 1793. Napoléon III l'a tirée des troubles et des anxiétés où l'avaient poussée les exagérations nouvelles.

C'est la mission des Bonaparte de MODÉRER, et, par la modération, faire grandir la possibilité d'atteindre à des aspirations plus élevées. ACCOMPLIR CETTE MISSION, voilà la tâche de Napoléon III, l'affermissement, le bonheur, la gloire de sa famille. La paix est la nécessité des peuples ; par la paix, la prospérité augmente et la possibilité des améliorations sociales s'accroît. L'EMPIRE, C'EST DONC LA PAIX ; mais la paix vivante, la paix qui marche, portant écrits sur sa couronne : *modération*, *aspiration* ; présentant, d'un côté, une constitution qui raffermit et qui calme, éteint les exagérations, les animosités, les partis ; de l'autre, l'engagement solennel de l'élargir dès que son œuvre actuelle sera réalisée.

Le supposer capable d'abandonner cette haute mission sociale, et cela dans le but de donner satisfaction à des ambitions collatérales, — en admettant qu'il en existe, — c'est imputer à Napoléon III des idées complétement en dehors des faits qu'il a jusqu'ici démontrés à la face du monde entier. Les hommes d'État de la Grande-Bretagne, personnages aussi recommandables par leurs vertus privées, par leur attachement aux liens du sang que par leurs qualités politiques, n'hésiteront pas, nous en avons la certitude, à se raviser en présence de ces considérations ; et ils cesseront de jeter l'alarme dans les esprits au sujet d'intentions qui n'existent que dans leur imagination.

Maintenant que la position est débarrassée des malentendus et rétablie dans ses termes véritables, nous allons passer à l'examen des derniers mots émanés des deux souverainetés qui représentent et font triompher en tous lieux la civilisation.

V.

La foi des traités.

Le mot d'ordre de la reine Victoria, mot que tout le monde répète depuis plusieurs jours, est celui-ci : *La foi des traités.*

La foi n'est pas la lettre ; c'est l'esprit, l'intention, la conscience.

Quel a été l'esprit des traités signés à Vienne par les plénipotentiaires des puissances européennes le 3 juin 1815. Ces traités ne portent pas de préambule ; ils ne sont que la réunion pure et simple des arrangements pris par les plénipotentiaires. Ce fut plus tard que l'on fit, dans une forme solennelle, la déclaration des principes d'après lesquels ces arrangements devaient être entendus, exécutés. Cette déclaration est l'acte le plus marquant de l'époque, celui par lequel fut établie *la Sainte-Alliance.* Ce ne sont pas les plénipotentiaires qui le signent ; ce sont, le 24 septembre 1815, à Paris, trois mois après la signature de l'acte final du congrès de Vienne, ce sont les souverains eux-mêmes sans l'assistance des ministres, les trois souverains d'Autriche, de Prusse et de Russie. Ils réservent une place à toutes les autres puissances qui voudraient y adhérer ; toutes, y compris l'Angleterre, y adhèrent avec empressement. Nous allons reproduire cet acte textuellement, intégralement. Il nous représente, d'une manière indubitable, l'intention, la conscience, la foi sous l'influence de laquelle on avait arrêté et l'on voulait maintenir les arrangements pris par les plénipotentiaires dans le congrès.

« Au nom de la sainte et indivisible trinité.

« L. M. l'empereur d'Autriche, le roi de Prusse et l'empereur de Russie, par suite des grands événements qui ont signalé en Europe le cours des trois dernières années, et principalement des bienfaits qu'il a plu à la divine Providence de répandre sur les États dont les gouvernements ont placé leur confiance et leur espoir en elle seule, ayant acquis la conviction qu'il est *nécessaire d'avoir la marche à adopter par les puissances, dans leurs rapports mutuels,* sur les vérités sublimes que nous enseigne l'éternelle religion du dieu sauveur ;

« Déclarons solennellement que le présent acte n'a pour objet que de manifester a la face de l'univers leur détermination inébranlable de ne prendre pour règle de leur conduite, soit dans l'administration de leurs États respectifs, soit dans leurs relations politiques avec tout autre gouvernement, que les préceptes de cette religion sainte, préceptes de justice, de charité et de paix, *qui, loin d'être uniquement applicables à la vie privée, doivent, au contraire influer directement sur les résolutions des princes, et guider toutes leurs démarches,* comme étant le seul moyen *de consolider les institutions humaines* et *de remédier à leurs imperfections.*

« En conséquence, Leurs Majestés sont convenues des articles suivants :

ART. Ier.

« Conformément aux paroles des saintes Écritures, *qui ordonnent à tous les hommes de se regarder comme frères,* les trois monarques contractants demeureront unis par les liens d'une fraternité véritable et indissoluble, et, se considérant comme compatriotes, ils se prêteront en toute occa

.sion et en tout lieu, ASSISTANCE, AIDE ET SECOURS ; se *regardant envers leurs sujets* COMME PÈRES DE FAMILLE, ILS LES DIRIGERONT DANS LE MÊME ESPRIT DE FRATERNITÉ *dont ils sont animés pour protéger la paix, la religion et la justice.*

ART. II.

« En conséquence, le SEUL PRINCIPE EN VIGUEUR, soit entre lesdits gouvernements, soit entre leurs sujets, sera celui de se rendre réciproquement service, de se témoigner, par une bienveillance inaltérable, l'affection mutuelle dont ils doivent être animés, de ne se considérer que COMME MEMBRES D'UNE MÊME NATION CHRÉTIENNE, les trois princes ne s'envisageant que comme DÉLÉGUÉS PAR LA PROVIDENCE POUR GOUVERNER TOIS BRANCHES D'UNE MÊME FAMILLE, savoir : l'Autriche, la Prusse, la Russie, confessant ainsi que la NATION CHRÉTIENNE, DONT EUX ET LEURS PEUPLES FONT PARTIE, N'A RÉELLEMENT D'AUTRE SOUVERAIN QUE CELUI A QUI SEUL APPARTIENT. EN PROPRIÉTÉ LA PUISSANCE, PARCE QU'EN LUI SE TROUVENT TOUS LES TRÉSORS DE L'AMOUR, DE LA SCIENCE, DE LA SAGESSE INFINIE, c'est-à-dire Dieu, notre divin Sauveur Jésus-Christ, LE VERBE DU TRÈS-HAUT, LA PAROLE DE VIE. Leurs Majestés recommandent en conséquence à leurs peuples, comme unique moyen de jouir de CETTE PAIX qui naît de la BONNE CONSCIENCE, qui SEULE EST DURABLE, de se fortifier chaque jour davantage dans les principes et l'exercice des DEVOIRS que le divin Sauveur a enseignés aux hommes.

ART. III.

« Toutes les puissances qui voudront SOLENNELLEMENT AVOUER les principes sacrés qui ont dicté le présent acte, et RECONNAÎTRONT combien il est important au BONHEUR DES NATIONS LONGTEMPS AGITÉES, QUE CES VÉRITÉS EXERCENT TOUTE l'importance qui leur appartient, seront reçues avec autant d'empressement que d'affection dans cette sainte alliance.

« Fait en triple. Signé l'an de grâce 1815, le 24 septembre.

« Signé : François.
« Frédéric-Guillaume.
« Alexandre. »

Voilà la foi, l'intention, la conscience des traités de 1815. « Il faut la maintenir intacte. »

La révolution française avait proclamé la fraternité des peuples ; les puissances signataires des traités de Vienne la formulent sous la sanction des saintes Écritures de notre auguste religion.

Aux termes de cette formule, la paix, le bonheur des nations, *longtemps agitées*, doit être le but ; quant au moyen, c'est diriger les peuples dans l'esprit de fraternité. La nation chrétienne est une ; les peuples forment une seule famille ; les souverains sont les pères de leurs sujets. Il n'y a véritablement d'autre roi que Dieu ; en lui seul est la puissance, parce qu'en lui seul sont l'amour, la science, la sagesse. Le principe, le seul en vigueur, est sa loi, la loi sainte de justice, de charité, de paix, le verbe du Très-Haut, la parole de vie. Et cette loi n'est pas applicable exclusivement à la vie privée ; loin de là, elle doit être désormais le droit, le guide, le devoir des princes. La bonne conscience de l'accomplir peut seule donner la paix durable. Les puissances signataires des traités du Congrès de Vienne veulent la paix durable. Elles s'y engagent en conséquence a la face de l'univers, en leur propre nom, par leurs signatures personnelles, par leur foi personnelle avouée à la face du monde et de Dieu ; et elles convient à avouer pareillement la vérité qu'elles confessent, toutes les autres puissances.

Napoléon Ier, à Sainte-Hélène, a dit que cette idée de la Sainte-Alliance des souverains et des peuples, les puis-

sances signataires du Congrès de Vienne la lui avaient volée. C'était son but, a-t-il ajouté, que *l'association, la ré-
génération, la constitution de la grande famille européenne.*
« *Pas d'autre* GRAND *équilibre possible que l'agglomération,
la confédération des grands peuples.* Par là *le rapproche-
ment de l'idéal de la civilisation;* pour lui, pour la France,
LA CONQUÊTE MORALE DE L'EUROPE. »

L'idée n'avait été volée à personne; déjà les temps l'en-
gendraient. La paix était un besoin de plus en plus universel, parce que déjà s'augmentaient les communications, les
mutualités, la reconnaissance des peuples dans une seule famille. L'idée catholique, posée par la papauté, de la com-
munion unique des nations, reparaissait; Napoléon Ier vi-
sait à en préparer la réalisation dans un but social; les
puissances signataires, — il faut leur rendre cette justice, — s'élèvent au delà. Elles en font un devoir de conscience pour l'accomplissement de la loi divine, de laquelle
les souverains se reconnaissent les délégués, les exécu-
teurs.

Ce n'était même pas un élan du moment, un enthousiasme irréfléchi. La coalition, à ses derniers efforts,
avait cherché sa force dans ces principes. Lors de la rupture
des négociations de Châtillon, les souverains alliés, se pré-
parant à une lutte suprême contre Napoléon Ier, le 25 mars
1814, à Vitry, un an avant la déclaration formelle de principes faite par l'acte que nous venons de transcrire, « *re-
nouvellent l'engagement solennel, qu'ils ne poseront pas les
armes avant d'avoir atteint le grand objet de leur alliance :*
LA PAIX, LE SALUT DU MONDE. LA PAIX doit être, SERA CELLE DE
TOUTE L'EUROPE; TOUTE AUTRE EST INADMISSIBLE. *Il est nécessaire
que les princes puissent,* SANS INFLUENCE ÉTRANGÈRE, *veiller
au bien de leurs sujets;* QUE LES NATIONS RESPECTENT LEUR IN-
DÉPENDANCE RÉCIPROQUE ; QUE LES INSTITUTIONS SOCIALES *soient* A

L'ABRI DES BOULEVERSEMENTS JOURNALIERS, *les propriétés assu-rées, le commerce libre.* L'EUROPE TOUT ENTIÈRE ne forme qu'UN VOEU, *celui de faire participer* LA FRANCE *aux bien-faits de la paix ; la France, dont les puissances alliées* ne désirent, ne veulent, NE SOUFFRIRONT PAS LE DÉMEMBRE-MENT. »

Et pour quel motif s'engage-t-on ainsi solennellement à ne pas déposer les armes avant d'avoir conquis LA PAIX, as-suré le SALUT DU MONDE? Les puissances le disent tout haut ; c'est : parce que *le gouvernement français demande que* DES PEUPLES ÉTRANGERS A L'ESPRIT FRANÇAIS, DES PEUPLES QUE DES SIÈCLES DE DOMINATION NE FONDRAIENT PAS DANS LA NATION FRANÇAISE, EN FASSENT PARTIE. Voilà le motif pour lequel on n'admet pas de transactions. Des droits divins, convention-nels, issus de l'héritage, des traités, pas un mot ! Déjà la conscience des puissances s'élève à la mission sainte des gouvernements : LA PAIX, LE SALUT DU MONDE, L'INDÉPENDANCE NATIONALE EN DEHORS DE TOUTE INFLUENCE ÉTRANGÈRE ; LA SOLLI-CITUDE POUR LE BIEN DES SUJETS ; LA SOCIÉTÉ A L'ABRI DES BOULE-VERSEMENTS ; LA SURETÉ DES PROPRIÉTÉS ; LA LIBERTÉ DU COM-MERCE. L'inspiration de l'époque illuminait leur intelligence ; elles ne regardent pas en arrière aux droits acquis, aux droits qu'*un esprit de domination universelle, sans exemple dans l'histoire du monde,* avait longtemps violés et préten-dait violer encore. Leur âme subit déjà l'entraînement de la loi sainte qu'elles proclameront peu de mois après, à Paris, A LA FACE DE L'UNIVERS ; elles sentent le devoir de ne pas laisser à la France des NATIONS QUI JAMAIS NE POURRAIENT S'Y FONDRE ; en en appelant contre elle au sort des armes, elles protestent qu'elles *n'en désirent, qu'elles n'en veulent,* *qu'elles* N'EN SOUFFRIRONT PAS LE DÉMEMBREMENT.

La lumière de la loi sainte, la ferveur pour les grands principes, peu de temps avant et après la chute du géant de l'époque, règlent, chez les souverains signataires du Congrès et leurs plénipotentiaires, les grandes comme les petites choses. C'est au nom de l'indépendance des nations que l'Allemagne, la Hongrie, l'Italie se soulèvent; c'est au nom de l'INTÉGRITÉ DE LA PROPRIÉTÉ DES NATIONS, que, le 15 septembre, le vicomte Castlereagh écrit ce qui suit aux puissances alliées : «*Dans la capitale de la France, à Paris, sont accumulées les dépouilles, des statues, des tableaux, de la plus grande partie de l'Europe.*» Les puissances, « *pour venger* LEURS LIBERTÉS ET POUR PACIFIER LE MONDE, *ont été deux fois obligées d'envahir la France..... Ce serait le comble de la faiblesse ainsi que de l'*INJUSTICE..... *si les souverains alliés*, DONT L'UNIVERS ATTEND AVEC ANXIÉTÉ PROTECTION ET REPOS, *déniaient* CE PRINCIPE D'INTÉGRITÉ, *dans sa juste et libérale application, à d'*AUTRES NATIONS leurs alliées, (PLUS SPÉCIALEMENT AUX FAIBLES ET A CELLES QUI SONT SANS APPUI), principe qu'elles sont, pour la seconde fois, *sur le point de* CONCÉDER A UNE NATION *contre laquelle* il a fallu si longtemps faire la guerre.....

« *Sur quel* PRINCIPE *la France* peut-elle, à la fin d'une telle guerre, *s'attendre à conserver tranquillement* LA MÊME ÉTENDUE DE POSSESSIONS *qu'elle avait avant la Révolution, et en même temps garder les dépouilles et ornements de tous les pays? Est-ce parce qu'il peut y avoir des doutes sur l'issue de la lutte ou sur le pouvoir qu'ont les alliés d'effectuer ce qu'exigent* LA JUSTICE *et la politique?* Autrement, sur quel PRINCIPE *priver la France de ses récentes acquisitions territoriales, et lui laisser les dépouilles* APPARTENANT A CES TERRITOIRES, *que les conquérants modernes ont invariablement respectées* COMME INSÉPARABLES DES PAYS AUXQUELS ELLES APPARTIENNENT? »

Résumons :

En 1813, 1814, 1815, une idée s'était emparée des puissances coalisées : la nécessité d'avoir pour guide, non les traditions, mais les principes, et le devoir de s'y conformer. Cette idée est LEUR POLITIQUE. Leur âme s'agrandit, s'élève. Les souverains alliés parlent sans cesse, non de leurs droits personnels, mais DE L'UNIVERS, DU MONDE, DE L'UNIQUE NATION, DE LA SEULE FAMILLE DES PEUPLES. Ils proclament l'inviolabilité des nations, l'intégrité de leur propriété. C'est sur cela qu'ils se règlent ; c'est par cela qu'ils excitent les peuples, et qu'ils cherchent d'un autre côté à se concilier la France, en lui assurant son intégrité. Au faîte du triomphe, pourvoyant au *salut du monde*, ils établissent, comme principe *seul en vigueur*, la fraternité, et ils font de sa réalisation un devoir pour les peuples et les gouvernements.

Telle est la FOI d'où sont sortis les traités de 1815. L'Angleterre ne l'a pas trahie. En 1848, l'Italie veut l'intégrité de son corps, la propriété de ses limites. L'Angleterre la soutient. Mais l'idée de nationalité n'était pas encore suffisamment mûre ; les révolutions la compliquent, et les souverains, effrayés, redoutant la nationalité, désertent sa cause.

La PAROLE DE VIE a grandi ; l'idée des nationalités s'est dégagée. En 1815, et longtemps encore après cette époque, on croyait les reconnaître dans les gouvernements. Depuis quelques années leur signe s'est manifesté ; ce n'est plus dans les gouvernements, c'est dans les langues qu'on voit aujourd'hui les nationalités. Les langues sont la PAROLE DE VIE des nations. Les limites historiques, diplomatiques, des puissances peuvent varier, se déplacer ; les limites que les langues posent aux peuples ne changent point.

Cette idée de la nationalité dans la langue s'est emparée de l'Italie tout entière. Devant cette idée, tous les partis s'effacent, s'inclinent, coopèrent. L'Italie en lève le drapeau la première, parce qu'elle a, parmi les peuples modernes, l'idiome le plus classique, le plus célèbre par les prodiges du génie ; parce que, chez elle, les corps sociaux, les communes, sont plus vigoureux, plus nombreux, plus développés que partout ailleurs. Les nouveaux moyens de communications poussent déjà ces corps à des élans mutuels, à des réciprocités rapides. Mais, partout des entraves : douanes qui arrêtent ; polices qui épient ; craintes qui persécutent ; législations qui embrouillent. En Italie, on connaît la France, l'Angleterre, l'Allemagne, l'Inde, etc. ; ses gouvernements ne redoutant pas, ordinairement du moins, de la part de ces nations, des conspirations avec leurs sujets ; mais on s'ignore d'une province à l'autre. Pour devenir suspects à l'instant même et ôter le calme à leurs gouvernements, il suffit que les Italiens se connaissent entre eux. De là, les séparations. Les antagonismes des vieux temps n'existent plus. Les divisions que la violence des gouvernements impose, s'accroissent de plus en plus. La nation italienne, qui ne forme qu'UNE nation avec toutes les autres, suivant le principe établi par la Sainte-Alliance, n'en est pas une chez elle. Une puissance étrangère, l'Autriche, viole directement, brise par son influence l'intégrité du territoire, et fait que la plupart des gouvernements de la Péninsule ne s'appartiennent pas, et que tous, même celui du Piémont, doivent violer la propriété des populations par des impôts exorbitants, afin de maintenir cet état de choses, de plus en plus impossible de part et d'autre. Le vicomte Castlereagh, invoquant le principe de l'intégrité de la propriété des nations, en 1815, réclame surtout pour cette Italie, *faible et sans appui*, la restitution des tableaux, des statues, des ornements. En 1859, les hommes d'État de l'Angleterre, pour que la propriété d'elle-même ne soit pas restituée à l'Italie, invoquent la foi des traités !

Franchement, c'est de l'oubli. De 1815 à 1848, à 1853, les idées des puissances signataires se sont rétrécies. A la première de ces époques, on avait en vue l'*univers*, le *monde*, la nation chrétienne, l'unique famille des peuples, leur salut, leur paix durable, à l'aide de la bonne conscience, moyennant l'obéissance à la PAROLE DE VIE. Aujourd'hui, lorsque la parole de vie des peuples, la langue, anime une nation tout entière, et que cette nation réclame son intégrité, repousse son *démembrement*, et invoque la réunion, *la paix, le salut de sa famille,* le cabinet anglais ne montre plus, à l'égard de l'Italie, qu'une inconcevable limitation de vues. Il n'aperçoit que la question secondaire . l'occupation des États romains ; il ne voit, entre la France et l'Autriche, que des rivalités ; il ne soupçonne, dans Napoléon III, que des ambitions. Il ne voit pas le démembrement du territoire, l'influence étrangère, le mépris du principe qui, aux termes de l'acte de la Sainte-Alliance, est *seul en vigueur.*

Pourquoi cet oubli ? Nous allons le dire avec la même sincérité.

Un principe est vite oublié, lorsqu'il n'est qu'un emprunt fait pour une circonstance éventuelle. Alors la foi dans ce principe est altérable, passagère, mobile. Mais la nation chez qui ce principe est né, ne l'oublie pas aussi facilement. C'est la France qui a mis au monde cette justice de la politique qui regarde aux principes, non aux traditions, et qui élève au-dessus de toute tradition et de tout principe, la fraternité, la mutualité, la famille unique des nations. L'Autriche l'a vite oubliée. En 1820, en 1831, en 1848, elle ne s'est pas souvenu que l'empereur François l'avait jurée, en 1815, dans une circonstance solennelle, *à la face de l'univers.* L'Angleterre l'oubliera-t-elle en 1859 ? Nous avons de la peine à le croire. A vrai dire, la politique anglaise n'est pas encore arrêtée. On le voit à ses journaux, à leurs ménagements, à leurs contradictions. Fidèle aux principes, notre alliée ne l'est pas toujours dans ses manifestations. Il est dans son caractère d'être longanime et de ne se prononcer d'une manière décisive qu'à bout d'essais, de préparations, de démarches.

Quoi qu'il en soit, la France, par la modération, a recouvré sa vigueur. Elle n'a jamais oublié la vérité proclamée par elle, et elle s'en souvient aujourd'hui plus que jamais. Sa foi, son honneur, sa mission parmi les nations y sont engagés. Elle espère l'accomplissement de la fraternité, pour *la paix durable*, pour *le salut du monde*. Les puissances signataires de 1815 ont juré ce principe. Il ne faut pas croire que ce fût du mensonge, mais de la conscience, de la foi. La France donc, en présence des agitations italiennes, de la crainte continuelle de révolutions, demande que l'on garde *intactes* cette conscience, cette *foi*, du moins pour le moment, à l'égard de l'Italie.

Cela n'est pas de l'enthousiasme ; c'est du calcul. Napoléon Ier l'a dit : « LE PREMIER SOUVERAIN QUI, AU MILIEU DE LA GRANDE MÊLÉE, EMBRASSERA DE BONNE FOI LA CAUSE DES PEUPLES, SE TROUVERA A LA TÊTE DE TOUTE L'EUROPE ET POURRA TENTER TOUT CE QU'IL VOUDRA. »

Embrasser de bonne foi la cause des peuples, est la mission propre de la France. Son gouvernement ne l'abandonnera pas à d'autres, comme en 1815. L'Angleterre veut-elle s'y associer, ajouter à sa part de gloire acquise en Crimée, fortifier dans les nations la foi que, pour leur cause, partout où le besoin s'en manifestera, justice sera faite, justice par devoir de fraternité, pour la réalisation progressive du principe qui est *seul en vigueur*, par l'alliance sainte de la France, de l'Angleterre, de la Sardaigne, et, espérons-le bien, de la Russie, de la Prusse ? Il ne tient qu'à elle. Par la neutralité, elle laisse cette mission à la France seule. La France ne s'arrêtera pas. Ferme dans la foi de son principe, de sa vérité, elle en poursuivra la réalisation partout où il le faudra, se fortifiant de l'opinion, de l'amour, de la confiance des peuples. L'Angleterre, se croisant les bras, ne saurait en retirer aucun avantage, ni pour sa gloire, ni pour la grandeur de son avenir.

Par les exhortations amicales à la France et à l'Autriche, en leur conseillant l'apaisement de leurs rivalités, l'Angleterre n'améliore pas son rôle, elle fausse la situation, et frappe dans le vide. Encore une fois, entre la France et l'Autriche, il n'y a pas de rivalités; mais opposition de principes. Il y a, d'un côté, l'oubli de la foi jurée à Paris, en 1815, le 24 septembre, par l'Empereur François, et, de l'autre, la conscience vivante que la France en garde, comme d'un principe né chez elle et qui est indispensable à l'accroissement de ses relations, à sa prospérité, et aussi à l'éloignement en France de nouvelles subversions. Parce que la France, en 1815, voulait retenir à elle des peuples étrangers qui ne pouvaient s'y fondre, l'Angleterre et ses alliés, pour le salut du monde, pour la paix européenne, prirent l'engagement solennel de ne pas déposer les armes avant que la France ne se fût désistée de cette prétention. N'est-ce pas là, pour les hommes d'État de la Grande-Bretagne, le précédent à suivre?

Enfin, si l'Angleterre s'associe à l'Autriche, soutenant la lettre des traités contre la foi de la loi sainte, de la parole de vie, jurée à Paris en 1815, la France gardera la religion de ses principes, mais l'Angleterre ne violera-t-elle pas la religion de ses serments? La foi des traités est dans la conscience, non dans la lettre. L'Angleterre, en adhérant à l'acte solennel du 24 septembre 1815, déclara sa conscience, s'y engagea à la face du monde et de Dieu. La foi des traités est là. En présence de cet engagement, voudra-t-elle assumer la responsabilité de la continuation de l'oppression à Naples, des anomalies à Rome, de l'agitation en Lombardie, de l'appauvrissement et de la violence au centre, au nord, au sud de l'Italie, de la continuation de l'effort des cœurs, de l'épuisement des ressources en Piémont?

Le cœur des Anglais ne saurait ne pas battre pour la grande cause des nations. S'il y a un pays où l'opinion publique règne, c'est l'Angleterre. Ses hommes d'État la suivent, ils ne la devancent jamais. Lorsque, dans la contingence actuelle, l'opinion publique aura grandi dans le sens de ce qui est un devoir pour des peuples chrétiens et un accomplissement de la foi du serment de 1815 pour les gouvernements, les hommes d'État anglais se mettront à son niveau. La France, unie à la Grande-Bretagne par tant de liens de voisinage, d'intérêt, d'aspirations, de gloire, avec la longanimité propre de son gouvernement actuel, attendra ce moment. Il ne saurait se faire désirer longtemps encore.

VI.

Le Droit, la Justice, l'Honneur.

DROIT, JUSTICE, HONNEUR, c'est le dernier mot de l'Empereur Napoléon III. C'est beau, c'est sublime pour sa nation, la France ; c'est là, pour elle, la devise, la religion, le salut du monde, la paix durable, la gloire, la conquête morale de l'Europe, LA VIE.

Cette vie rayonne, illumine, attire des deux hémisphères toutes les sympathies vers elle. Les Bourbons retournèrent en France avec un million de baïonnettes étrangères ; le sein de la patrie fut souillé ; sa vie étouffée pendant plus de trente ans. Ni la branche aînée, ni la branche cadette ne la sentirent, ne la soutinrent. La France, elle, longtemps la première, fut à la remorque des autres nations. Mais le châtiment vint. Les jours où, d'abord la branche aînée, plus tard la branche cadette, furent détachées du grand corps de la France, ce fut comme des feuilles qui tombent d'un arbre vivant : le grand corps respira, fut soulagé, aspira de nouveau à sa vie.

La démagogie, l'anarchie des opinions, ne pouvait pas la lui redonner. Le droit n'est pas dans les idéalités brillantes des possibilités à venir; il est dans la réalisation des possibilités actuelles. Satisfaire celles-ci, c'est la justice : les soutenir coûte que coûte, c'est l'honneur.

Avec Napoléon III, la vie propre de la France se réveille de nouveau. La République, en 1793, avait porté le droit dans les possibilités les plus éloignées des peuples ; elle ne put que produire la violence, s'affaiblir, tomber. C'était la vie de la France dans ses exagérations.

Napoléon Ier s'efforça d'organiser le droit des peuples par la conquête, le changement des familles souveraines, la bureaucratie minutieuse, la centralisation universelle. C'était la vie de la France devançant chez elle et chez les autres la maturité des temps. L'opinion n'avait pas encore fait son œuvre partout ; les nationalités étaient mal comprises ; l'union de toutes dans une association unique était la pensée sublime de l'Empereur, non la nécessité de mutualités près de se réaliser. Son idée ne fut pas connue. Il put être vaincu et sa famille expulsée.

Mais aujourd'hui les temps mûrissent, les nationalités sont de jour en jour mieux comprises. Les mémoires du proscrit de Sainte-Hélène révèlent ses intentions. Les moyens actuels de communications amènent progressivement la possibilité de la réalisation des grandes pensées de Napoléon Ier.

La vie de la France se manifeste. Droit, justice, honneur, et partout où il y a une cause juste et civilisatrice a faire

PRÉVALOIR, UN INTÉRÊT POUR ELLE. Qu'est-ce que cela, sinon la vie propre de la nation française, qui éclate et fait entendre des paroles fermes, mais retentissantes, comme autrefois les cris effroyables de la Révolution !

Et ce n'est que la modération, conciliante, mais non pusillanime ; la modération, qui, par la conscience du droit qu'elle doit réaliser, de la justice qu'elle doit accomplir, de l'honneur, de la suprématie morale qu'elle doit conquérir, pose franchement sa politique ; c'est-à-dire, non l'épuisement du pays pour soutenir des bravades, mais la résolution ferme de la France de s'élever et de prospérer de plus en plus par la convergence vers elle des mutualités et des sympathies des peuples.

L'acte de la Sainte-Alliance dit : « Les souverains sont les délégués de Dieu. » Eh bien ! la France en est le premier soldat, le premier ministre. Elle est la nation très-chrétienne. La loi sainte D'AMOUR, DE CHARITÉ est, en politique son aspiration, en économie sa prospérité, et ces deux choses sont sa prééminence, sa grandeur.

Est-ce par la guerre qu'elle accomplira son devoir, accroîtra sa considération, augmentera son bonheur?

Que l'on se rassure en France et ailleurs. L'opinion mûrit. La France a proclamé ses principes : ce sont, sous une autre forme, les mêmes principes que la Sainte-Alliance des souverains signataires des traités proclama à Paris, en 1815. Fidèle à ces principes, elle vient en aide aux nations chez lesquelles la PAROLE DE VIE s'est développée à tel point qu'elles en réclament la réalisation, et qu'elles s'agitent et compromettent la paix de l'Europe pour l'obtenir. C'est pour cela que la France vient aujourd'hui en aide à l'Italie. La France, par les idées, prépare. Lorsque ces idées auront accompli leur tâche, si des oppositions anti-chrétiennes empêchent leur réalisation, la France, avec Napoléon III, ne se laissera pas devancer, dans la proclamation de la loi sainte, par une nouvelle Sainte-Alliance. Elle sera toujours le premier soldat de la PAROLE DE VIE.

Dégaînera-t-elle l'épée ? Elle le pourrait. Son armée, sa flotte, l'unanimité du peuple avec son élu, lui en donneraient la possibilité ; mais le principe qui, SEUL, doit ÊTRE EN VIGUEUR, ne le lui permettra qu'à la dernière extrémité. Elle sait que les souffrances sont le contrôle de la vérité, du droit, de la justice. L'humanité a-t-elle conquis une seule de ses libertés, sans obstacles, sans lutte, sans douleur ?

Qu'on le sache donc. L'épée, au dernier moment. Auparavant, et autant que possible, la France doit agir par la puissance de ses idées, de sa langue ; faire rayonner et pénétrer partout, dans les intelligences et dans les cœurs, le droit, la justice, la charité, qu'elle soutient ; faire comprendre, toujours avec modération, avec des remontrances *fermes, mais conciliantes,* l'intérêt que tout le monde a à les soutenir aussi ; l'avantage qui en reviendra, à ceux qui y font obstacle, d'y consentir et de s'y soumettre. La France doit procéder ainsi, autant que possible, six mois, plus encore, s'il se peut. Lorsque, par l'effet de ces procédés longanimes, l'isolement se sera fait autour des ennemis du droit et de la justice ; lorsque leurs soutiens : alliés, hommes politiques, bureaucrates, soldats, seront démoralisés ; lorsque la conscience même des plus pervertis chancellera, alors, si l'aveuglement persiste, l'épée sera dégaînée. Mais alors, ce ne sera pas la guerre ; ce sera le *choc,* et la chute du fantôme. Par cet effort soutenu de longanimité, la France maintiendra son honneur de premier soldat de Dieu, non par un héroïsme brutal, mais par l'héroïsme le plus intellectuel, le mieux en harmonie avec la civilisation.

Cette politique est avouée tout haut, sans dissimulation,

sans mystère. L'opinion est la reine du monde : qui s'en empare, triomphe.

La Lombardo-Vénétie, depuis dix ans, mine l'Autriche par l'inaction et l'éloignement pour tout ce qui tient à la domination étrangère. L'Angleterre et la France, depuis trois ans, minent le roi de Naples, par la cessation de tout rapport, en le signalant à l'Europe et à ses sujets comme réprouvé par leur conscience. C'est ainsi que la France, seule avec le Piémont ou associée à la Grande-Bretagne et à d'autres puissances, combattra encore quelque temps l'Autriche en Italie. L'épée ne sera tirée qu'à la dernière extrémité ; la victoire ne pourra pas être douteuse.

VII.

L'Autriche.

Après ce que nous venons de dire, les principes qui doivent prévaloir sont posés de part et d'autre. Du côté de l'Angleterre et des puissances signataires, la foi des traités, selon la loi proclamée en 1815, par la Sainte-Alliance ; du côté de la France et du Piémont, la marche selon l'intérêt de la civilisation et de l'association des peuples. Les deux choses sont en parfait accord.

Si, d'une part, l'on ne veut pas manquer à la foi, de l'autre, l'honneur est sauf et la question italienne résolue, et toutes les questions à venir seront de même promptement résolues. Il n'y a qu'à réunir les diplomates, consulter les précédents, en remontant à l'acte fondamental de 1815, et résoudre la question selon les principes établis.

Mais l'Autriche se refuse à tout arrangement, et les autres puissances signataires ne se prononcent pas.

En conséquence, pour achever notre tâche, il nous reste

à démontrer aux puissances signataires, que la foi politique de 1815 est en parfait accord avec leurs intérêts présents et à venir.

Commençons par l'Autriche.

Devant la loi sainte de fraternité qu'elle a jurée la première avec la Prusse et la Russie, et que ses sujets réclameront de plus en plus, elle ne pourrait, sans compromettre fréquemment et gravement son intégrité, la tranquillité et le salut du monde, elle ne pourrait, au delà des Alpes, refuser plus longtemps à l'Italie ce qu'elle demande ; en deçà, continuer à se servir des procédés dont elle use envers ses populations.

L'Autriche n'est qu'une agglomération d'éléments disparates. Excepté l'Italie et la Pologne, les hétérogénéités qui constituent le Saint-Empire, y entrent tout entières. La Hongrie, la Bohême, etc., sont des nations qui lui appartiennent intégralement.

Que doit-elle faire ?

Ne pas violer plus longtemps le serment fait à Paris, le 24 septembre 1815, par l'empereur François. Aux termes de ce serment, François-Joseph doit se considérer uniquement comme un délégué de la Providence ; distinguer ses peuples, selon leur langue, par nations ; donner à chaque peuple, selon sa nation, le libre essor de sa vie ; les unir tous dans une association réciproquement profitable, ainsi que, par une association semblable, Napoléon Ier aurait voulu réunir dans une seule famille tous les peuples européens. C'est ainsi que, prévoyant et chrétien, il satisfera Dieu et que sa délégation sera vraie. En agissant de la sorte, il s'élèvera en modérateur de toutes ses nations ; il maintiendra chez toutes la justice, la mutualité, la bienveillance ; les aidera dans leur marche ; sera le *père de la famille*, qui le bénira ; et lui et ses descendants auront, pour eux et pour leurs peuples, la *paix durable, qui, seule, peut naître de la bonne conscience* du droit réalisé, de la justice accomplie, de l'honneur satisfait.

Sinon, que François-Joseph se souvienne ! En 1848, l'Autriche, qui pesait sur tant de nations, paraissait un géant. Un cri s'éleva du Vatican, et, en peu de jours, on put voir que les pieds du géant étaient d'argile. Si la Révolution n'eût pas commis d'exagérations, ou si, à sa place, des puissances, au nom de la foi jurée en 1815, eussent demandé le respect du droit, l'exécution de la justice, l'Autriche serait-elle aujourd'hui dans la Lombardo-Vénétie et la Hongrie? D'un côté, eût été la bonne conscience, la sûreté, l'accord ; de l'autre, le remords des serments violés, les secousses des insurrections, le trouble de l'esprit, la démoralisation de l'armée. Le courage, l'héroïsme de quelques individus, ne donne pas aux troupes ce que leur enlève la force de l'opinion.

La lettre des traités de Vienne ne témoigne que d'arrangements transitoires, modifiables en raison des développements de la parole de vie chez les nations que la Providence a confiées aux souverains. Cette parole est le seul principe en vigueur, la source des droits. C'est par la science puisée en elle que se réalisent la paix, la fraternité, la justice. La contrarier, c'est se détacher de la vie, de l'amour, de la tranquillité, de la droiture, pour tomber dans la mort, la haine, l'inquiétude, l'iniquité.

L'Italie est la mère de l'Empire. Ce fut elle qui posa sur la tête de Charlemagne cette couronne dévolue à la France et qui se transféra plus tard à l'Allemagne. L'Italie ne donne plus la couronne d'or ; mais elle donne à l'Autriche, avec un diadème de fer, un carcan d'épines.

L'Italie n'appartient pas tout entière à l'Autriche, comme la Hongrie et la Bohême. L'Autriche n'en a qu'une partie,

la plus riche, non la plus belle ; la plus populeuse, non la
plus étendue. L'Autriche veut maintenir encore le démembrement de cette partie du reste du corps. Est-ce d'un délégué de la Providence, est-ce de la bonne conscience de
produire par ce démembrement, agitations, souffrances,
appauvrissement, malédictions de tous les côtés, de compromettre ainsi *la paix, le salut du monde*?

L'Autriche est une partie, et une très-noble partie, du
corps allemand ; la patrie de Leibnitz ; la population sœur
de la Prusse, de la Bavière, de Bade, etc., chez lesquelles
le génie germanique a produit tant de science, de poésie,
d'art, de civilisation. Les Italiens admirent l'Allemagne du
génie. Est-ce d'un délégué de la Providence d'entretenir
entre les Italiens et les Allemands l'antipathie, l'exécration?

Nous avons commencé par constater la haute intelligence,
l'esprit progressif des aïeux de la maison de Habsbourg.
Nous n'avons pas de rivalité avec l'Autriche. Nous sommes
la France, et la France ne rivalise pas ; elle éclaire, elle
guide. Avant d'en venir à l'*ultima ratio*, nous en appelle-
rons, tant que notre patience ne sera pas épuisée, à l'intelligence, à la conscience, au devoir de la famille des
Habsbourg, à son amour à l'égard de l'Allemagne, à la justice qu'elle doit à l'Italie, à la noble tâche d'éloigner au
plus tôt tout motif d'aversion entre l'Italie, les peuples la-
tins, et les Allemands.

Par l'acte du 24 septembre 1815, la loi de l'Évangile est
devenue la loi de la politique internationale et gouverne-
mentale, à l'extérieur, à l'intérieur.

La loi oblige, et les transgressions sont punies.

VIII.

La Russie.

La Russie est de la famille des Slaves, race d'élite, toute jeune, nourrie de nos idées, parlant presque aussi bien que nous, Français, la langue de Descartes, de Bossuet et de, Voltaire. On s'est étonné de l'accord chevaleresque survenu soudainement entre la France et la Russie. Rien de plus naturel : accord de principes, unanimité de but ; et, sans l'avoir proclamé jusqu'ici à la face de l'univers, soumission à la loi de l'alliance sainte des gouvernements et des peuples, non pour leurrer et contraindre, mais pour guider et aider la marche divine des nations. De la cordialité la plus parfaite sont sortis les plus heureux effets : chemins de fer, affranchissement des serfs, stations commerciales dans la Méditerranée, franchise héroïque à poursuivre ces préparatifs d'un progrès qui doit faire couler vers l'Europe centrale un nouveau courant d'échanges, de réciprocités.

La Russie n'a pas dit son mot ; mais déjà on le prévoit. Du jour où la Russie s'est rangée parmi les champions du bien des peuples, les deux champions les plus vaillants du bien, la France et la Sardaigne, ont serré sa main. Encore un peu, et la Russie proclamera sa foi en parfait accord avec son aspiration nouvelle, avec le serment prêté, le 24 septembre 1815, par le compagnon de Napoléon Ier, Alexandre Ier, empereur de toutes les Russies. En 1813, un déplorable malentendu sépara les héros des deux dynasties. Avec les moyens de communication actuels, les souverains se visitent personnellement ; les malentendus ne sont plus possibles.

IX.

La Prusse.

La Prusse est l'espoir de l'Allemagne. Frédéric le Grand la fonda par ses armes, par nos lumières, par nos célébrités. Depuis cette époque, l'esprit allemand a son centre à Berlin.

L'esprit allemand cherche l'unité de son corps, la vérité de la Confédération. C'est par cet entraînement que s'élève la Prusse. Par la délégation de la Providence, elle est à la tête de l'Allemagne, comme l'Autriche, dans l'assemblage qui lui est échu, peut l'être d'une famille de nations diverses.

Mais aujourd'hui, en Allemagne, la Prusse est-elle véritablement la tête?

Naturellement, les peuples s'aiment. Leur loi est unique : grandir, chacun selon l'innéité de sa constitution. Leur intérêt est unique aussi : par la mutualité, la coopération, la prospérité, la félicité.

D'où vient que l'Allemagne semble aujourd'hui haïr l'Italie? D'où vient que, lorsque l'Italie réclame l'intégrité, l'unité nationale, ce que l'Allemagne désire, celle-ci favorise l'Autriche, négation vivante de toute nationalité? En 1848, elle lui prête des armes; en 1859, elle barre, dit-on, le passage aux chevaux que l'Italie achète.

C'est que la Prusse n'est pas encore la tête; c'est que la tête est l'Autriche qui, pesant avec ses forces hétérogènes sur l'Allemagne politique, l'entraîne à des contradictions avec l'Allemagne véritable. Est-ce sur la première ou sur la dernière que la Prusse doit asseoir sa suprématie d'intelligence, de progrès, de concorde? L'Allemagne, la véritable Allemagne, ne peut pas ne pas aimer l'Italie. Le peuple qui, en 1814, se leva comme un seul homme au nom de l'intégrité nationale; le peuple qui aime avec le cœur de Goëthe et pense avec l'esprit d'Hegel, ne saurait ne pas aimer la nation italienne. La haine, à coup sûr, n'est pas parmi les peuples.

N'est-ce pas un noble rôle pour la Prusse que celui de faire que la vérité apparaisse? Que la tache d'une haine illogique et déshonorante ne souille pas la famille allemande, la plus sincère, la plus considérable, la plus morale parmi les nations? C'est, d'un côté, son devoir; de l'autre, son intérêt. Que la loi proclamée par Frédéric-Guillaume, le 24 septembre 1815, à Paris, soit son mot, son droit, sa justice, son honneur.

La Prusse, attachée par les liens du sang à la Russie, n'a pu suivre en Crimée la France, l'Angleterre et la Sardaigne. En Crimée, la Russie s'acharnait contre le droit; ne pas s'associer à elle, fut pour la Prusse un acte de sympathie en faveur de la bonne cause. Maintenant, c'est l'Autriche qui s'obstine contre le droit : la Russie le favorise; l'Angleterre ne le nie pas; la presse de nos voisins d'outre-Manche le reconnaît de plus en plus. En voulant le bien des peuples, la Prusse ne peut que s'élever. Pourquoi hésite-t-elle? En réclamant l'exécution de l'acte de la Sainte-Alliance, ne hâterait-elle pas ce qui tôt ou tard ne peut manquer de se produire : l'accord de la France et des puissances signataires, pour amener l'Autriche à l'accomplissement des devoirs que cet acte lui impose?

La Prusse doit cela à la patrie allemande. Hésiter, c'est, de sa part, faillir à sa mission, en diminuer pour elle et pour l'Allemagne les heureux effets.

La France, qui a vulgarisé parmi les peuples les produits

de la pensée allemande, ne saurait attendre de l'Allemagne et de la Prusse que sympathie et coopération aux fins sublimes de la vérité, de la justice, de la paix.

Le Rhin !... Qu'est-ce que le Rhin ? Une frontière. Les frontières seront bientôt des anachronismes. Que l'acte de la Sainte-Alliance s'exécute, et les frontières ne serviront plus à rien. Ce ne sont pas des frontières, ni diplomatiques, ni stratégiques, qui marquent les peuples, ce sont les langues. Dès que tous les peuples seront gouvernés dans le même esprit de réciprocité, de fraternité, dès que leurs autonomies seront établies jusque dans les communes, jusque dans les individualités sociales dont les communes se composent, les frontières seront un mot dépourvu de valeur, n'ayant qu'une signification historique sans importance, sans actualité.

Il ne tient qu'à la Prusse de hâter ce moment. Ce qui le retarde n'est que son hésitation, l'inexécution même, de sa part, de l'acte du 24 septembre 1815.

X.

L'Italie.

Et maintenant, à l'Italie. Mais où est-elle l'Italie ? Écrivant en homme politique, hélas ! nous ne la trouvons pas ; elle n'existe point.

Il y a dix ans de cela, à la voix de Pie IX, ses peuples et ses souverains se levèrent et cherchèrent l'ancienne mère, la mère commune. Malgré les invasions, les animosités du moyen âge, les déchirements, elle avait vécu dans la langue ; et, par la langue, dans la tradition, dans l'esprit.

Il y eut un moment où l'on crut que la mère de la civilisation allait reprendre son rang parmi les peuples. L'Autriche chancela ; la parole d'amour partie de Rome avait démoralisé ses armées. Mais les deux sœurs, l'Allemagne et l'Italie, se méconnaissent ; la révolution exagère ses tendances ; le pontife se tait ; l'Autriche se redresse ; la patrie italienne est désavouée par ses souverains. Un seul, parmi eux, garde sa foi ; il reste isolé en Italie. Sans la France et l'Angleterre, l'isolement, le martyre peut-être, eût été complet. Depuis ce jour, au Nord, le drapeau tricolore italien flotte sur le tombeau de Charles-Albert ; au Sud, on punit de mort, et, par grâce, des galères, les hommes prévenus d'aspirer à l'unité italienne. La foi du roi Ferdinand et des autres souverains de l'Italie, en 1848, alors bénie par le Pontife et presque réalisée par l'établissement d'une diète, est devenue, depuis plusieurs années, conspiration, complot, crime.

On exècre la traite des nègres. Ne sont-ce pas des nègres, ces souverains ? Nous transcrivons du *Morning Post* le passage suivant :

« Tout *l'esprit* de la loi européenne est sacrifié dans l'Italie centrale et méridionale pour soutenir *la forme* dans la Lombardie et dans la Vénétie.

« Se borner à recommander des réformes intérieures quand cent mille soldats autrichiens sont prêts à soutenir les satrapes autrichiens dans leur refus de toute réforme, c'est méconnaître volontairement les premiers éléments de la discussion. La question italienne, sous ce rapport, ressemble beaucoup à la longue dispute qui a eu lieu entre les adversaires et les défenseurs de l'esclavage colonial.

« Un grand nombre d'hommes d'État en exercice ou ayant été au pouvoir, et même beaucoup de philanthropes, cœurs aussi généreux que Wilberforce et Burton, ont proposé des lois pour assurer le bien-être de l'esclave, et tous leurs efforts opérés dans de bonnes intentions ont été absolument infructueux.

« Les maux résultant de l'esclavage en lui-même, la possession de l'être humain par un autre, comme chose, comme bien propre, le pouvoir que confère une relation de cette nature et les tentations auxquelles il donne inévitablement naissance, étaient infiniment plus puissantes qu'aucune des mesures de réformes transmises par un gouvernement central et adoptées par une législation coloniale.

« Nous avons, à la fin, été forcés de commencer par le commencement, et de balayer entièrement ces relations contraires à la nature et à la justice. Il ne doit pas en être autrement de la puissance autrichienne en Italie. »

Ce sont donc des nègres que ces souverains italiens. Il y a eu, par leur fait, un jour de terreur pour l'Autriche ; c'est celui où leur foi fut avouée. Depuis ce jour, ce sont des nègres, marchant, bon gré, mal gré, dans une voie sans fin de contradiction, de haine, d'irrégularités.

N'ont-ils rien à faire, ces souverains ? Ne sont-ils pas, eux aussi, liés aux grands souverains par leur adhésion à l'acte du 24 septembre 1815 ?

XI.

Naples.

Diplomatiquement, nous, France, nous n'avons rien à dire au souverain du royaume des Deux-Siciles. S'il eût eu pour la France et l'Angleterre la déférence que ces deux nations étaient en droit d'espérer de lui, surtout après leur paix avec la Russie, la question italienne n'en serait peut-être plus une aujourd'hui.

On peut refuser tout au roi Ferdinand, hormis l'intelligence naturelle des Siciliens. A la mort de son père, la débâcle était partout. « Mon père, a dit le roi Ferdinand, était un moine ; je

suis un soldat. » Pour être soldat, il s'en donna les moyens :
d'abord l'argent, en rétablissant les finances ; et, par l'argent,
les troupes, leur tenue remarquable, des chantiers, des ports,
des vaisseaux. Lui-même fut toujours à cheval, plus tard,
toujours sur les vaisseaux, pour exercer ses soldats, ses
marins, les connaître par leurs noms et leurs faits, homme
par homme. On lui reproche les troupes suisses, honte des
troupes napolitaines, fardeau écrasant pour les finances.
Mais, au point de vue des nécessités de nègre où ce roi se
trouve vis-à-vis de l'Autriche, les troupes suisses sont sa
dignité, sa vertu, sa seule marque d'amour pour la patrie.
Il repousse de tout son cœur l'intervention armée de l'Autriche. En 1848, contraint par l'insurrection sicilienne, il
octroya à Naples une constitution ; peu après la démagogie
l'effraya, l'ambition des révolutionnaires le dégoûta. La
constitution fut suspendue, mais on ne put lui persuader
de l'abolir. Il a du moins évité le parjure. Mais, lié à l'Autriche par un pacte secret de 1815, qui l'oblige à se conformer au régime lombardo-vénitien, quand même il se
souviendrait de son serment pour la constitution, devant
l'Autriche n'est-il pas un nègre ? Afin de se soustraire à la
révolution, inévitable par la continuation d'un tel régime, s'il ne veut pas les Autrichiens, il faut qu'il ait les
Suisses.

Après le Congrès de Paris, la démagogie n'existait plus
nulle part ; l'ambition des révolutionnaires n'était plus à
craindre. Si le roi Ferdinand eût suivi les conseils bienveil-
lants de la France et de l'Angleterre, s'il les eût même de-
vancés, en remettant en vigueur la constitution, l'Autriche
n'aurait pu se maintenir dans la Lombardo-Vénétie. La
question italienne, devant la menace de cent soixante mille
Napolitains, qui, à un cri du roi, auraient pu s'unir à cent
mille Piémontais avec une trentaine de frégates contre Ve-

nise et Trieste, et l'appui moral des puissances occidentales, la question italienne serait déjà résolue.

Ce qui n'a pas été fait pourrait encore l'être et amener la réhabilitation du roi. L'acte de la Sainte-Alliance est une obligation pour lui tout aussi bien que pour les autres puissances signataires. N'est-ce pas un devoir de conscience, dont il devrait enfin se souvenir? En présence de cet acte, tout autre pacte est nul. Il est le *seul principe en vigueur :* la fraternité, l'amour, le bonheur des nations.

Il n'a pas à redouter aujourd'hui de la part de la France des intentions hostiles. La France, aujourd'hui, n'est pas la République ; c'est l'Empire, la paix, la modération, le progrès soutenu par la justesse des vues, par la longanimité des procédés. Qu'il retrouve son libéralisme de 1831, qu'il redevienne ce qu'il était lorsqu'il frappa le marquis de Favare, sbire souillé de sang et de trahison ; lorsqu'il envoya son frère Léopold vice-roi en Sicile ; lorsqu'il éleva le pont sur le Garigliano, inaugura en Italie les chemins de fer, balaya en Sicile les restes de la féodalité ; lorsque, sous l'inspiration d'un homme de bonne foi, le ministre de la justice Nicola Parisio, la peine de mort fut pendant longtemps comme abolie dans le royaume, et qu'il se promenait seul, à côté de sa chère et pieuse Marie-Christine, au milieu des populations empressées à le fêter. Qu'il en revienne là. La France, le soldat de Dieu, de Dieu qui bénit le repentir, la France est derrière lui ; il n'aura rien à craindre de l'Autriche. Mais il a tout à craindre d'un régime qui, en regard de son serment de 1848, de l'adhésion de son aïeul à l'acte du 24 septembre 1815, le constitue parjure et appelle sur lui la punition de Dieu.

XII.

Le Pape.

Pie IX sait, se souvient, s'effraie, déplore. Si la révolution ne l'avait pas surpris, le catholicisme serait, à coup sûr, aujourd'hui, sinon la foi, du moins l'admiration et le guide du monde entier. La papauté a organisé l'unité chrétienne. Grégoire VII a proclamé la souveraineté de l'esprit, le règne du droit, la pacification des peuples. Il y a un siècle, Jean Baptiste Vico, Napolitain, dédia au pape la *Science nouvelle :* c'était la science de l'unité de l'esprit des nations, de leur collaboration dans l'idée éternelle de la Providence ; c'était la science de l'idée poursuivie par le pontificat romain. La Sainte-Alliance fit de cette idée un principe politique, sa foi dans l'avenir. Elle ne s'en est plus souvenu. En 1846, une voix de pardon, d'amour, la voix de Pie IX, fit tressaillir le globe. L'accord des peuples et des souverains, les uns, ouvriers, les autres, guides délégués par la Providence, telle fut la doctrine qui rayonna sur les couronnes et vivifia les nations.

Les cris aigus de la démagogie étouffèrent la voix bienveillante de la papauté. Mais, à l'heure qu'il est, et depuis huit ans déjà, l'ordre est partout ; la modération est sur le trône du peuple qui a déchaîné pendant un demi-siècle les révolutions ; la France, soldat de Dieu, l'est de Pie IX, à Rome, dans la ville éternelle !

Est-ce pour la maintenir esclave de l'Autriche ; pour perpétuer les malheurs de l'Italie, l'atonie de la papauté? Loin de là ; ce n'est que pour lui assurer la liberté.

Plus de frayeur donc pour Pie IX, du côté de la révolution ; plus de soumission de sa part envers l'Autriche. Revenez à vous, saint Père. Inspirez-vous dans la vérité de votre cœur, dans la toute-puissance de Dieu, *à qui seul est la puissance et où sont réunis les trésors de l'amour, de la science, de la sagesse infinie.* Rappelez-vous les serments du 24 septembre 1815. Réclamez-en la foi, avec la prière sainte qui persuade et oblige ; et la France ne combattra pas, et l'Autriche n'aura plus de soutiens, pas même ses soldats, et l'Allemagne et l'Italie s'embrasseront au milieu de l'exaltation de tous les peuples.

XIII.

La France, le Piémont.

C'est la fin de notre travail. Les deux noms, par un élan du cœur, se réunissent sous notre plume. N'est-ce pas ainsi, et dans une réalité vivante, que se réuniront sous peu, il faut l'espérer, l'ancienne et la nouvelle ouvrière de la civilisation, l'Italie et la France?

Le Piémont et la France, pour le moment, sont, non-seulement les soldats de Dieu, de l'amour, de la vérité, de la justice, mais ils en sont encore les généreux martyrs. L'un et l'autre s'élèvent ; mais, que d'anxiétés, de souffrances, de douleurs, rien que pour sauvegarder l'ordre, l'amour, l'espérance de la réhabilitation chez eux et chez les autres peuples !

Le Piémont, depuis 1846, veut la liberté chez lui et l'affranchissement de la patrie italienne. De là, lutte avec l'Autriche ; armée, relativement énorme ; et, pour entretenir cette armée, des impôts, des emprunts, des souffrances.

La guerre de Crimée appelle les défenseurs héroïques du droit. Le Piémont doit se faire reconnaître pour l'un d'eux, afin de pouvoir plus tard lui-même réclamer le droit de l'Italie, faire admettre la nécessité de pourvoir à ses douleurs, à ses agitations. Alors ses soldats vont en Crimée ; vaillants, inébranlables, ils participent au triomphe. Quel a été pour le Piémont le prix du sang qui a coulé de ses veines ? Une réclamation en faveur de la patrie italienne dans le Congrès de Paris.

Aujourd'hui, son armée est debout sur ses frontières menacées par l'Autriche ; ses villes sont dégarnies ; sa garde nationale remplace les milices, d'où une surcharge de peines pour les citoyens. En outre, un emprunt de 50 millions, l'isolement parmi les États italiens, des entraves au commerce, l'assujettissement aux droits différentiels par la ligue douanière de l'Autriche ! N'est-ce pas là, pour le Piémont, le martyre ? Et pourquoi ? Parce qu'il veut le droit, la justice, l'honneur, la paix de sa nation.

On dit que le Piémont ambitionne la Lombardo-Vénétie. Il ne l'ambitionne pas ; il la réclame. La Lombardie et la Vénétie votèrent avec toute solennité et légalité de formes en 1848. Le vote des populations, pour vivre sous le sceptre de la dynastie de Charles-Albert, fut presque unanime. La Lombardie et la Vénétie, par suite de ce vote, appartiennent donc, non à l'Autriche, mais au Piémont ; c'est Victor-Emmanuel qui est leur souverain de droit. Si ce vote ne s'exécute pas, c'est qu'il est étouffé par la violence, et la désertion de la foi jurée à Paris, à la face de l'univers, par François Ier, empereur d'Autriche.

La France, unie au Piémont par le sang précieux qu'il a versé en Crimée, ne peut pas, ne doit pas vouloir, et elle ne veut pas que le martyre du Piémont s'éternise.

Et la France n'endure-t-elle pas aussi un martyre ? Une armée de 500,000 hommes, une flotte au niveau de celle de toute autre puissance, un budget en proportion ; par suite, une bureaucratie nombreuse, l'œuvre de la décentralisation différée,; et tout cela parce que la France se trouve en présence de l'Europe armée! Armée, parce que gouvernements et nationalités ne correspondent pas; armée, parce que le gouvernement qui correspond le moins avec les nationalités, n'en ménage aucune; armée, parce que la foi de 1815 est oubliée, que l'on n'a de religion que pour la lettre, et que, si la France n'était pas debout et ne pouvait parler haut, l'espoir des libertés s'évanouirait! N'est-ce pas là un martyre?

Autrefois, c'étaient les révolutions qui devançaient les gouvernements. Avec Napoléon III, c'est le gouvernement qui devance les révolutions. Il fallait la modération pour acquérir la force, et posséder ainsi les moyens de remplir la haute et sainte mission de la France parmi les nations.

La modération, à la fois ferme et conciliante, s'est assise sur le trône; mais les partis l'ont-ils compris. En présence de l'Empire, qui calme, rassure, consolide, marche de plus en plus à la réalisation du bien-être, qu'on a cherché et qu'on n'a pas conquis à l'aide des révolutions, les partis ne comprennent rien. Ils en restent, les regards tournés en arrière, au droit divin, au pays légal, au règne des écrivailleurs et des avocats, à la république inquiète, bavarde, impuissante. N'est-ce pas encore pour la France un martyre?

La modération a déjà porté ses fruits : la vigueur, la confiance, la prospérité. L'armée, éprouvée dans la guerre de Crimée, est devenue plus redoutable; les sympathies des puissances ont augmenté. L'Empire arrive à sa seconde étape. Les nationalités, les gouvernements en harmonie avec elles; la réciprocité des nationalités, leur union, leur organisation, le salut, la paix, la prospérité de la famille chrétienne, c'est là l'avenir. L'Italie, la première, réclame sa nationalité; c'est par le progrès des idées et des choses, par les précédents de 1815, de 1831, de 1848, c'est son droit, sa justice.

L'Empire comprend que l'heure de sa seconde étape a sonné. Il inaugure une politique nouvelle. La force brutale peut faiblir; la force des idées, jamais. L'expansion de cette dernière, affaiblit, use, détruit toute opposition. Plus cette force grandit, plus ses ennemis s'arment, et plus ils se ruinent, s'isolent, chancellent. Alors, il suffit d'un choc! la victoire n'est pas douteuse.

Cette politique de science, d'intelligence, de longanimité, politique éclairée, infaillible, n'est pas encore comprise. Les intérêts, comme les partis, se tournent en arrière. Au lieu de comprendre la politique nouvelle D'EXPANSION DE L'IDÉE PAR LA PAIX AUSSI LONGTEMPS QUE POSSIBLE, ils s'effrayent d'une guerre soudaine, universelle; ils étoufferaient cette politique, si elle était moins ferme, moins conciliante, moins longanime, moins confiante, non dans la pensée du moment, mais dans la pensée impérissable, dans le cœur incorruptible de la nation.

N'est-ce pas là encore un martyre?

XIV.

Concluons.

Une ère nouvelle surgit.

La Foi de la Révolution française, de Napoléon Ier, de la Sainte-Alliance en 1815, de la papauté en 1848, du fait de Napoléon III, se traduit déjà en intervention en faveur des nationalités qui réclament et en amphictyonat à établir sur les souverainetés en désaccord.

C'est le besoin de l'époque. Les nations qui, par tant de moyens, peuvent prospérer désormais à l'aide de leurs réciprocités, ne doivent pas être retardées dans leur marche et refoulées en sens inverse de leurs nécessités.

Les armées dérobent hommes et capitaux au progrès.

On doit donc en venir tôt ou tard au désarmement. La ré-
duction des armées amène celle des impôts ; celle-ci amène
l'aisance, la tranquillité, les autonomies, les libertés, et la
coopération empressée d'amour, de concorde, de satisfaction, partout sûre, partout facile.

La France ne doit pas, et elle ne veut pas être plus longtemps martyre d'une situation déjà anormale. Elle a posé
son idée ; elle en appellera à l'opinion, et l'opinion en assu-
rera le triomphe.

Le travail, l'industrie, le commerce, les spéculateurs ne
doivent pas craindre la guerre. La politique de la science et
de la raison ne fait la guerre que lorsque l'opinion a pré-
paré, d'une manière infaillible, la victoire. Il faut laisser le
temps aux souverains italiens, aujourd'hui les nègres de
l'Autriche, de se raviser ; — au pontife, de méditer la parole qu'il doit faire retentir par l'univers ; — à l'Angleterre
de se ressouvenir de la FOI VÉRITABLE des traités de 1815 ;
— à la Prusse, de reprendre sa mission pour l'unité et
l'honneur de la patrie allemande ; — à la Russie, de se pénétrer de la tâche sublime à laquelle la France la convie en
dehors de ses limites ; à l'Autriche, de voir l'isolement gra-
duel qui se fera autour d'elle. Lorsque ce temps sera écoulé,
alors, s'il le faut, la guerre ! Mais, alors, elle sera prompte
et coûtera peu.

Pour le moment, confiance, insouciance même ; coopération avec les idées, avec la foi dans le triomphe de cette
politique nouvelle.

FIN.